AF607679

edicionescarena

María Ángeles Medina Reyes

¡MIRAD!

Primera edición: Abril de 2024

Ediciones Carena
c/Alpens, 31-33
08014 Barcelona
T. 934 310 283
info@edicionescarena.com
WWW.EDICIONESCARENA.COM

Diseño de la cubierta: Ivette Guedella Reyes
Maquetación: Cristina Carril

ISBN: 978-84-19890-58-0
Impreso en España - Printed in Spain

Dedicatorias

Quiero recordar aquí y dar las gracias, a algunas de tantas personas buenas como tengo quiero, y me quieren.

María Ángeles Medina Reyes

– Jonatan Farré
– Sandra López
– Patro Torres
– Concepción Terrón
– Karem De Nigris
– José Membrive – mi editor –
– Mª José Terrón
– Josep Bigas
– Beatriz Giralt
– Mª Luisa Bornay
– Judith Cano
– Ismael Farré

Réplica rociera

¡Madre!

Te llaman del Amor Hermoso
y la Del Rocío a la par

¡Menos mal que es la verdad!
menos mal que siendo, tú
vas a poder alcanzar
nuestro Norte, desde el Sur.

Nosotros, Contigo andantes,
caminaremos errantes
hasta que los tres "burlistas"
que parodiaron tu imagen,
vean el ámbito que habitas
Sentirán tus realidades
y el nacer de 'lo más bello'
y van a callar sus voces
y a pedirte mil perdones,
aquellos que te ofendieron.

Después, millones de 'olés'
escucharás cerca y lejos.
Preciosa Virgen de amores
ataviada de luceros
del fresco roció de fe
y de sedas de los cielos.

El poema que acabamos de leer, ha
obtenido récords de visualización en redes sociales.

Instagram: 475,328 visitas

Y en alcances en Facebook 525,854 visitas

En total 1.001,182 visitas. Superando el millón de visualizaciones y visitas en las redes sociales.

Tú, y yo

Sonreías y en esos matices
que yo te veía,
sin saberlo, ni entenderlo
apenas creía,
lo que estaba viendo.

Como ave agapornis,
después, si que supe
que a veces lo hacían.

Y en aquellos cinco años
que siempre te tuve
aunque eras solo una ave,
solo un pajarito
huiste mi alegría
y mi pequeñito.

Bailabas, si me veías bailar,
piabas, si me oías cantar
comías, cuando yo lo hacía
y éramos al par,
esa letanía
de entrañables ritos.

Pero, … ya no estás
ya no estás conmigo.

Te arrebató la muerte
brutal y consciente
de su crueldad.

Y, … ya, no cantamos
y ya, no jugamos
¡mi lindo agapornis
mi preciosa, Chico.!

Eras solo un ave,
solo un pajarito,
solo, lo que, en sí, ¡más vale.!

Ahora, tú, ya callas
y … callo, contigo.

Las Tierras

Glundy, dijo un día a Carol
– Por todo aquel espacio,
se han de ir agrupando
y de cuatro en cuatro
hasta el fin de sus rincones
todas las acciones
sabedoras de sus hechos
en bondades y razones.

Allí, serán las premisas
Que no admitan cambios
Ni mutar sus filas.
– ¡Caray!, Se sorprendió Carol
¡cuánto formalismo
les coloca usted!
Si una y tres, son cuatro
Y dos y dos, también,
¿Por qué ni mutarlos?

Y si nuestro Planeta
cuenta con lugares
buenos y aún mejores
para sus proezas.
¿Por qué ir a esas tierras?

Glundy, con amplia sonrisa,
gestos decididos
y pasos compactos,
fue hacia aquel lugar
de hermosos espacios
y al llegar, sus rincones
se fueron alzando
en cuatro mil montes.

Viéndolos así,
dijo el ángel Glundy
al otro ángel Carol.

– Observa cómo se elevan
Y su útil fijación.
¿Intuyes la ciencia
de su transformación?

– Sí, contestó el ángel Carol
– es del Gran Amor
que curte y predispone
hechos y valores
en Tierras Eternas
de exhaustivas fuerzas.

La propuesta

Una cucharita
dijo a un tenedor

– Si pinchas deprisa
toda la comida
que tiene este plato
y la pones
en el que hay al lado,
rápida voy yo
y ocupo ese espacio:
con uvas, con peras
con nata y melón
y exquisitas fresas que premien tu labor.

– Estupefacto el tenedor,
La zarandeó
Y exclamó enfadado.
Pero, tú, ¿qué dices,
vaciar y llenar
ese contenido
que rebosa el plato?
¡siendo todo caldo!
Te burlas de todo
O, ¿crees que soy tonto?

– Mira,
¿Pincharías tu acaso los frutos, que dices,
los cogerías pinchando?

Seguro que no

Tu caso, cuchara es feo y burlesco
Como todo aquello
que, aún siendo excelente,
en la extravagancia
a líquidos muerde
y que a muchos seres
hace divergentes.

Gritos al hambre

¡Hambre, dame pan
y si hay chocolate,
también me lo das.!
Dice el pequeñito
antes de llorar
y tú, no le das
y además, te quedas.

Llega el ricachón
y con su vozarrón
te dice, ordenando
– Quiero marisco muy fresco
butifarras blancas
y un vino acerado.
Después, un pastel
con cava y con ron
para mi placer.

Y tú, se lo das
y además, te vas.

Nos vemos contigo
Todos los demás
Y pasa lo mismo

Si pudiera, hambre,
¡Yo, te mataría!

Te encerraría en enjambres
donde miles de aguijones
te aniquilarían
y siendo triturado
se formarían, nuevas razones
y tu darías raciones de iguales pedazos.

La sonrisa en el lenguaje

La risa, o la sonrisa,
Son perlas preciosas
Y joyas valiosas
Que nos da la vida.

La risa, o la sonrisa
si salen del alma,
son soplos de brisa
en caras amargas.

Aunque más que risas
Y más que sonrisas,
Ellas siempre son
El corazón que habla.

La risa y la sonrisa
están en el lenguaje que usas
siempre, cuando amas.

Su existencia

¡Nunca! – me dice el ‹jamás›
Cuando le pregunto
Qué si va a cambiar
– Nada, vuelve a replicar
Con fuerza y con genio.

– Mi ciencia, es la exacta
Ni sobra, ni falta
En mi cantidad.

– Pero tú, contesté insistente
es que, en sí, no existes
tu ciencia es negar
permanentemente.

– Nooo,
Claro que si existo
yo, 'jamás', soy, yo
rotundo y conciso
y ocupo su lugar
cuando alargo al, 'no'.
y cuando alzo mi voz
si me llegan hechos
de una frustración
que al gritar, evito

Soy tajante, si hay crueldad
Y corto la emisión
Antes de empezar.

– Yo –

Sí que soy, 'jamás'
claro que soy, yo
en mi ejecutar
la dura decisión
de nunca empezar.

Mi mantel

Desde las tres de la tarde
hasta no sé, cuánto más
tendré que mostrar mi arte
obediente y … sin chistar.

Me moveré muy deprisa
e incustraré en mi bordar,
flores, ramitas y ristras
de 'ajitos' que no olerán
y lápices que tapizan.

Mi mantel, irá al concurso
y allí, junto a muchas artes
bordaré hasta sus encajes
y olvidaré los disgustos
que éste, nos dio en sus bases.

Es para un rosal

Estoy buscando un rosal
un rosal de primera
para que cuantos lo quieran
puedan su aroma apreciar.

Sus rosas, serán preciosas
puesto que lo escogeré
para que, tupido en hojas,
sea el rosal, menos cruel.

Que no atraiga, engañe, o hiera
a quien al tender su mano
busque cortar rosas bellas.

Que como rosal, no tenga
parecido al ser humano
y se cubra de frescor
de color y de firmeza
sin traicionar al cercano.

Dónde hallaré, ese rosal
Si todos tienen espinas
Y dañan al confiado
¡Anda!
Dímelo tú, rosa fina
Amante y culpable
De todos sus actos.

No, o, sí

La fe, ¿qué es la fe?
se dice que es creer,
que es creer, sin ver
eso en lo que crees
creer en que existe.

Y a pesar de ello,
puedes o no, creer.

Solo la firmeza y el esfuerzo
junto a la potencia
en el pensamiento
rodearan y muy fuerte
ese gran esfuerzo
de creer, sin ver.

Y entonces, será, sí
porque ahí, nace café.

Yo quiero subir

Yo quiero subir al cielo
para hablar contigo, Dios.

Quiero hablar Contigo ahora
pero, ahora en mi dolor.

Déjame subir y empuja
mi aliento y mi desazón
pues quiero saber, Dios mío,
qué perdonas y qué, no.
Cerquita de ti, muy cerca,
lo voy a entender mejor

Después, ya bajo yo solo
Y sigo con mi labor.
Pues, saber que podría oírte

Eterno Juez de Amor,
sería, o va a ser sentirte
y quiero eso, Señor.

Al Norte

Siempre fue rebelde
lo fue, lo será y lo es
erguido, subido y altivo,
en toda su geografía
y el perimetraje
que lo limita a él,
y a su hipocresía.

En muchos lugares
la historia lo categoriza
y a sus habitantes
en decremento
que desvaloriza:
al sur, al este y al oeste
pero los tres advierten
y reafirman convincentes
Norte, somos tu soporte
Sin nosotros,
No estarías de pie
No en tu ubicación,
Tan fuerte.

Soy alegoría

Tenía que buscarlos
Debía encontrarlos
Yo, tenía que hallarlos

Pero, no podía
Soy alegoría
Y ni un ser humano.
Simbólicamente
Si que lo intenté
aunque no una sola vez
conseguí alcanzarlos.

Era tanto el lujo
y tanto el poder
que habían saturados
que cada segundo
que lo iba probando,
fue un retroceder.

Quise dispersarlos
quise separarlos
intenté aclararlos

pero la densidad
inmersa en sus actos
se agrupaba más
y mis simbolismos,
no daban abasto
ni los escucharon.

¡Pobre ser humano!
Que se yergue y quiere
solo para sí, dinero y poder.
Siempre en este mundo.

¡Pobre infeliz ávaro!
Veros mal que también se
como alegoría
que son solo pocos
no la mayoría.

El curiosear

Saber esto, o saber aquello
saber, lo otro
o lo de más allá.

Saberlo todo
engendra siempre
en el pensamiento
que abarca y ansía
todos los conceptos
de la humanidad
que mengüe en su capacidad
y favorece y defiende
Todo ese menguar.

No ser de esa forma
Salvo que sea escuela
Vale mucho más
Infinitamente más.

Devastación

Contemplando aquellos montes,
donde tuve yo mi casa,
lloro, sin poder pensar,
apenas sin recordar nada.
Lloro viendo que al igual que ella
todas han sido arrasadas.
Ya no queda más que monte,
¡monte negro, sin montañas!

Sentado y sin fuerzas,
sucio y mal oliente
observo como de un lado a otro
corre, multitud de gente
que también llora, ¡qué grita!
Que enmudece y se derrumba.

Son caras, sangrientas
y brazos en alto
de muchas familias.

Son, la cruel consecuencia
de la vida, en guerra.

Viéndonos de está manera
hoy, sí, me pregunto

Mi bella y devastada aldea
¿Qué es, lo que han hecho de ti?
¿Dónde está ahora tu país?

¿Qué nos depara el horror,
demoledor de existencia?

¡Dios mío!

Entre la vida, o la muerte
no sé,
cuál me atrae más de las dos.

Destino

Duro es el destino.
cuando quieras encauzar tu vida
siempre es desatino
o aciertos efímeros.

Los agentes externos
que dan vueltas en tu sino
son por antonomasia
dureza e inercia
que te obstaculizan
hasta conseguirlo.

Aunque, no obstante,
no habrá nunca en la vida
cosa más valiosa
sagrada y generosa
que, cada destino.

Él, resulta, ser yo,
y tú, que al igual que todos
eres, fuiste y serás
«vida» del destino.

Voces juntas

Voces del mundo, ¡gritad!
resonad en todas partes
llamad a la paz.

Pedid, unión y alegría,
Los derechos que os quitan
La verdadera igualdad.
La justicia que no aplican.

¡Clamad, chillad!
toda la propia existencia
toda la vida mundial.

Vocead, tanto egoísmo
Tanto poder, sin piedad.

¡Vosotras!
Únicas de una en una
océanos de inmensidad.
Gritas, voces del mundo
gritad, juntas.

Mi tesoro

Dando la vuelta a la esquina,
Lo vi.
Allí, lo encontré
Y lo cogí, enseguida.

Lo apreté muy fuerte
Con las dos manos a la vez.

Lo llevé a mi boca
Y lo besé.

Después, junto a mi mejilla
También lo apreté
Y entonces, … lloré.

Recuerdo que lloré tanto,
que lo estreché, tanto,
que lo destrocé.

Y no me importó, nada
pero, nada de nada
que se destrozara
porque, trocito a trocito,
yo, me lo tragué.

Ya, nunca jamás
Volvería a perderlo
Ya, nunca jamás
Me lo quitarían.
Jamás nunca nadie
Ya podría hacerlo.

Valioso trocito enjoyado
De ese terciopelo
Que incrustaba en oro
las bellas imágenes
De Dios y mi madre.

Su gran esfuerzo

Volvía del agua
Y se fue hacía el viento
Buscó su corriente
Y voló, entre medio.

Como ave, que danza
Se sintió feliz
y desprecio al miedo

Subió muy alto
hacia ese infinito
que entreteje el Cielo.

Y por allí,
muy cerca de un astro,
dejó a sus polluelos.
Allí, vivirían
Allí, crecerían
sin más picotazos
y malos intentos.

Allí, sintió ella
aquel soliviantó
de su gran esfuerzo
y que se moría

Dándoles, sus aguas
y batiendo alas
revoloteó,
derecha hacia el suelo.

Actitudes

Cuando tú digas que calle,
voy a ponerme a gritar,
Cuando digas que me siente
Me voy a poner a andar.

Y si me ordenas, sigilo
mi imprudencia va a ser tal,
que atraiga hacia ti
mil ruidos.

Y así, una actitud, tras otra
hasta que en tu impertinencia
intuyas o seas capaz
de ver, la tiranía que ejerces
¡conyugue de cruel maldad!

Entre vueltas

Mira, si tú un día
llegas a convencerte
llegas a creerme,
y a pensar en tu valía
y lo que de mí, tiene,
te ibas a alegrar
y te emocionaría.

Tú eres quien rige el país
yo quien lo sustenta
y gastos y poder
son vueltas entre vuelta
aunque seas tú, poder
quien más lo lamenta

Debiera saber
tu desconfianza
que dicha y desgracia
no van a la par
si un país de honor,
lucha y las separa.

Las tres bocas

Decir cosas sin hablar,
también es natural
y que sean las manos
las que suplan la 'palabrería'
en esos trabajos
al cabo del día,
es elaborar,
pues son realizadoras
de esa gran valía.

Las manos, callan
trabajan y acompañan
y son también motores
en cualquier hazaña.

Son bocas de nuestra boca
Pero muy calladas.

Silenciosas, muy bajito, hablan
y da gusto verlas
si están bien cuidadas

Las manos de los humanos,
al juntarse en dos
palmean y acarician
siempre a nuestra voz.

Suerte que oscurece

De buena mañana
Ya me he puesto hoy
A lavar la ropa.

He barrido el suelo
he quitado el polvo
y he hecho mil "pantuflas"
en platos y camas.

Después, he puesto el centeno
en los gallineros
que hay cerca de casa.

Y ahora, es la 'caderita'
la que da su hacer.
Si está cansadita
se pone enfermita
y para a los pies.

Total, que hoy, al día
este anochecer
como yo quería
lo va a oscurecer.

Tú, fíjate bien

Subir, no es lo mismo que bajar
pero, sí, lo es
si te fijas bien.

Tu cuerpo se predispone
casi sin pensar
a no anclar en llano
tanto cuando subes,
como cuando bajas.
y tiene cuidado,
cuando va pisando.

Si subes, o, bajas
siempre hay un rigor
en el quehacer que andas.
si no quieres caer.
Tú, compruébalo
y mira tus pies.
Al caminar en llano,
no te cansas tanto.

Al subir, le cansas más
más cansancio por cansancio
siempre es 'el cansar'

Subiendo o bajando,
empujas tu vigor
que a la par, vas dando
y tu arte, es mayor.

Armonía

La luz, el perfume, la visión
la expansión, el verdor,
las aguas, las nubes
la nieve, su frescor.

Conjuntos y bellezas
que ensanchándose toda
la armonía, abrazó.

Maravillosas plantas
cuajadas em su flor.
ríos y manantiales,
también son su don.

Todo es digno de los ángeles
todo, de su creador.

Mi llegada

Oí campanas a lo lejos
olí, perfumes de azahar,
sentí brisas de aire freco
y fue todo aquello
antes de llegar

Supe
que debía andar ligero
que quería enfrascarme al verlo
justo al empezar.

No era una bonita boda
y tampoco, un entierro
no era siquiera
ni un bello lugar.

Pero allí, se encontraban
todas cuantas cosa quiero.
Porque en todo aquello,
sí estaba el lugar
de mí bendito pueblo.
Y su ceremonial:

Fiestas de colores
de banderas de españoles
de algarabías y respeto
siempre en todo ello,
siempre en los demás.

Dí, tú

Madre, virgen, poderosa
virgen, prodigiosa
centro del candor.

Madre, reina de los reyes
y Ángel de los ángeles
por tu protección.

Di, tú,
si nos das ahora
la ciencia que encierra
nuestra comprensión
y que el mundo, añora
porque la perdió.

Échala con furia

Cuando sientas que la angustia
te llega con su fuerza
e intenta anegarte
por tu alerta y lucha.
Échale con fuerza
forcejéate a ti mismo
y descalzo,
siente, que la echas abajo
y ora sea física, esa angustia
ora sea moral,
ella te va a demostrar
que su mayor enemigo,
es tu voluntad.

No consientas nunca
que los demás
te creen angustia
¡¡Pisotéala!!

Ven, conmigo pena

Dijo la alegría a la pena
¿Por qué no te arreglas
y vienes conmigo
a visitar ferias?

Te sumergirías en su colorido
y la escucharías
en la diversidad
de sus mil sonidos.
Y en la maravilla
de sus músicas mezcladas
entre canto y gritos.

Te sentirías llena
y llegarías a ser,
'vida sin conflictos'.

¡Anda, pena!
ven a la feria conmigo
qué aunque no tenga lugar en ella,
si que ocuparás
el de la serenidad
qué le falta al ruido.

Las horas

Se nos va yendo la vida
y en cada día, sus horas,
Van comenzando y terminan
Fragmentando sus salidas.

Por ello, se comentaba
que cuando alguien, rezó
de ese 'pasar' decía.

Una hora menos de vida
Y otra, más cerca de la eternidad

En su quehacer, las horas
cogiéndose una con otras
le van cantando a su día.

'Yo te corto y tú, me abarcas
siempre en la misma medida'.

Seamos, pues, medida exacta
dando calidad de vida
y qué al hombre, hora y fauna,
en nosotras, Dios bendiga.

Reina de los Ángeles

¡Mirad a la Reina,
miradla, miradla!

Es la Reina de los reyes
y yo, la buscaba.

La busqué en el hombre
la busqué, en mi alma,
indagué en los nombres
pero ella, no estaba.

Y fue solo y justo
Cuando se rodeaba
por multitud de ángeles
que en su propia iglesia
se me presentaba.
¡Era la belleza
más consolidada!
Era la nobleza.
Mayor de las almas.

Y miro a mi Reina,
Y quedo extasiada
Y observo a sus ángeles
Y toda yo, canta.
¡Mirad a la Reina!
miradla, miradla.

Somos viajeros

¿Hacia dónde vamos?

Cuando era pequeña
me lo preguntaba.
Después de haber oído
la primera explicación,
recuerdo que quedé,
fuertemente impresionada
y con mis pocos años,
aquello me marcó.

Dijeron que viajábamos
en nuestro Planeta
y que siempre y continuamente
íbamos por el Infinito
por el inagotable infinito
y que nunca parábamos
y que a eso le llamaban
'movimiento de traslación
en el cual, marchábamos'.

Que nunca estamos
en el mismo espacio
ni vemos el mismo cielo
ni la misma parte del firmamento
y nos lo contaban
con mucha convicción.

Y nos aseguraban
que jamás paraba
toda la Vía Láctea,
en ningún momento.

Que es nuestra galaxia
y con ella, nosotros
viajeros inmersos.
siempre, rotando,
siempre, trasladándonos
en nuestro Universo.

Cuando fui mayor,
me convertí en científica
y profundizar esos hechos,
era mi pasión

Mirar a esos espacios
que nos dignifican
para mí, No tuvo
nada más valor.

No obstante,
con todo y con ello,
hoy, sí me pregunto
entre mil razonamientos.

¿Pero, galácticos, todos,
hacía dónde vamos?
Todos siempre juntos
¡¡Juntos, siempre!!
Todos.

Mirad siempre muy alto

¡Mirad!

Palabras Finales

A María Ángeles

Hoy, deseo dedicarte unas palabras desde lo más profundo de mi corazón. Tu presencia en nuestras vidas ha sido un regalo invaluable, una luz que ilumina nuestros caminos. Eres la brújula en el camino de muchos.

Quiero expresar mi admiración y agradecimiento por ser quién eres y lo que representas en este mundo. Eres un motor de cambio que impulsa sueños y esperanzas en los demás. Tu presencia llena de calidez ha transformado mi mundo y ha hecho que cada instante sea digno de ser vivido.

Gracias por compartir con nosotros tu esencia a través de estas poesías, que son un refugio en medio de la tempestad. Tus palabras son un cobijo sincero de amor hacia la humanidad.

Con todo mi cariño y gratitud,

José Membrive

Índice

Esta
primera edi-
ción de *¡Mirad!,* de Ma-
ría Ángeles Medina Reyes, ha
sido impresa en papel ahuesado,
de 80 gramos. Se ha utilizado tipo-
grafía Garamond Pro letra Adobe. Se
terminó de imprimir en Reprográficas
Malpe, en Madrid, en el mes de
abril del 2024